AF253677

AU LAOS

ÉTUDE

PAR KO-NOI

SAIGON

IMPRIMERIE COMMERCIALE

—

1906

BIBLIOTHÈQUE NATIONALE R.F. IMPRIMÉ

AU LAOS

8° Lk10 518

AU LAOS

ÉTUDE

PAR KO-NOI

SAIGON

IMPRIMERIE COMMERCIALE

1906

AU LAOS

On ne lit, dans les journaux, que des articles dithyrambiques sur ceci, sur cela, sur le Mékong, sur les routes, sur la soumission d'insoumis, sur le pays de rêve, en un mot, qu'est le Laos... pays de rêve, oui, de la fantaisie... et de la fumisterie.

On a beaucoup attaqué le « Colonel » sur sa vie privée : son successeur prête-il le flanc à des critiques sur ce chapitre ? C'est ce que nous ne rechercherons pas.

Ce que je voudrais savoir et faire connaître, c'est ce qu'il y a de réellement mérité dans les louanges distribuées au résident actuel.

Une seule question est nécessaire et suffisante. Je la pose à M. Mahé et à ses encenseurs. Qu'a-t-il fait depuis son arrivée au Laos ? Du bruit, certes. Mais derrière cette réclame, quoi ? Rien. Rien. Et ce n'est pas de sa faute. On ne peut, en vérité, rien réformer ici en trois ou quatre ans. Mais pourquoi tout ce tintamarre qui voudrait faire croire que tout est devenu parfait au Laos, depuis que M. Mahé a paru ?

En 1903, on a commencé par la soumission des Bolovens. Les Bolovens, le Résident supérieur et le Commissaire savaient, à ce moment, ce qu'il en était de cette soumission. Le Gouverneur général a, depuis, été renseigné.

M. Mahé a découvert qu'il y a de l'eau dans le Mékong ? Nous verrons ce qu'il est résulté de cette découverte publiée à grand fracas, aux quatre coins du monde.

Il a inventé aussi que les Messageries fluviales assuraient un service défectueux, ne tenaient pas leurs engagements, et avaient un matériel aussi condamnable qu'elles-mêmes. Et puis ?

Il est aimé, respecté de son personnel ? Allez-y voir : du Nord au Sud, de l'Est à l'Ouest, vous n'entendez que des récriminations.

Il a trouvé que le Laos, qui n'a pas d'échanges à l'intérieur ni, pour ainsi dire, de transactions avec l'étranger, avait besoin de la Douane pour développer son commerce. Belle trouvaille...

Il a fait une route de Savannaket à la mer. Croyez-vous ?

Il a créé des chefs de services — qui n'ont pas de services ? Après ?

Il trouve que le royaume de Luang-Prabang, autonome, riche, avec un budget spécial qui s'équilibre par de gros excédents de recettes, doit garder sont autonomie et sa richesse ? Allons donc ?...

Quelqu'un qui connaissait bien M. Mahé lui lança, un jour, devant une nombreuse et choisie assistance, cette dure apostrophe : « Vous, vous n'êtes qu'un sale arriviste ! » C'étaient là des termes peu ou trop parlementaires, mais ils sortaient d'une si jolie bouche et les convives sentaient tellement toute la vérité contenue dans ce reproche, que nul n'en parut choqué, l'« arriviste » moins que les autres.

Eh oui ! c'est un arriviste. Et tout ce que M. Mahé a fait ou voulu faire ici même, était en vue de son « soi ». Aucune question étudiée n'est appréciée si elle ne peut faire ressortir d'emblée la personnalité du maître.

Et c'est ainsi qu'on le voit se jeter précipitamment sur ce qu'il croit bon, utile à lui-même, s'en aller d'une idée à l'autre, sautant sur un dada, en tombant, pour en enfourcher un autre, sans suite, sans raisonnement, sans programme.

C'est un arriviste ; c'est aussi un agité, dangereux à la tête d'une résidence quasi indépendante et sans contrôle. Reste à savoir si c'est un bluffiste ou un convaincu ; si c'est un farceur ou un niais.

Le « Colonel » avait des défauts, de graves défauts, mais à force de l'entendre attaquer, critiquer à tous propos et hors de propos par les servants de M. Mahé et par M. Mahé lui-même — et ce, sans la moindre retenue ni convenance — on en arrive à réfléchir, à chercher ce qu'il y a derrière ce battage, et on découvre, sans difficulté, que si le colonel n'a rien fait, son successeur, qui l'en accuse, a fait « tout à fait la même chose que lui », comme on chantait au Chat Noir dans le temps.

La dernière vessie envoyée dans tout le Laos ne date que de février 1906 : une dépêche à faire pleurer un veau, demandait d'urgence en termes passionnés et émouvants — ça aurait presque pu être mis en vers — quelles réformes étaient susceptibles d'apporter à l'indigène le confort, le bien-être, le progrès que lui doit une grande nation... etc, etc...

Le Résident Supérieur venait de remonter le Mékong avec le Gouverneur Général qui, enthousiasmé de son voyage, voulait s'occuper du Laos. On allait faire un emprunt de 6, 7 ou 8 millions. Il fallait d'urgence envoyer au Résident Supérieur, pour être présentés au Conseil supérieur, les travaux qu'on pourrait exécuter avec ces millions, pour améliorer le sort du Laotien. Ainsi donc, l'Administration arrivait en 1906 sans savoir ce qu'elle avait à faire dans ce sens, sans s'être rendu compte des besoins du pays, sans pouvoir élaborer un programme de réformes d'amélioration.

A la vérité, la seule façon d'être agréable aux Laotiens est de leur f... la paix. Si l'Administration ne connaît pas encore l'état d'âme de l'indigène, c'est qu'elle y met de la bonne volonté. Si elle le connaît, elle est un peu fumiste.

C'est toujours du bluff d'un intérimaire en peine de titularisation. C'est du bluff, à moins que ça ne soit de la bêtise... Et, ma parole, je ne sais lequel des deux....

Le « Colonel », — car il faut en parler un peu — a eu du moins le mérite de faire quelque chose où il n'y avait rien, de créer une administration, toute primitive, certes, mais grandement suffisante aux besoins et proportionnée aux ressources du pays et aux subventions que le budget général lui accordait en rechignant. Un de ses ennemis les plus acharnés — un des plus mordants — était obligé de reconnaître « Que pour un militaire, ce n'était pas trop mal travaillé ».

Est-ce à dire que c'était parfait ? Eh non, par Dieu ! Et si l'on entre dans le détail, dans la cuisine de l'administration du « Colonel », on est obligé de se séparer de lui complètement.

Du moins avait-il conscience du peu qui était fait et ne cherchait-il pas à en faire accroire aux gogos.

Qu'a-t-on défait et refait de son œuvre ?

Qu'a-t-on ajouté, avec plus de crédits ?

Des fonctionnaires et des fonctionnaires. Un point, c'est tout. Un rapide coup d'œil sur le budget nous renseignera.

Le budget du Laos de 1906 se balance en recettes et dépenses à la jolie somme de 1.044.200 piastres.

Si de ce million on déduit, dans les recettes :

1º La subvention donnée par le royaume de Luang-Prabang, soit 50.000 $.

2º La subvention du budget général, soit 630.000$.

3º Un reliquat de 72.500 $ du budget de 1904, reliquat qui aurait dû faire retour au budget général, mais qu'on a laissé généreusement à la disposition du budget du Laos, ce qui porte en réalité la subvention de l'Indo-Chine à 702.500 $. Si l'on déduit donc des recettes du Laos ces subventions, s'élevant à la somme totale de 752.500 piastres, on constate que les recettes personnelles du Laos se réduisent à la somme dérisoire de 291.700 piastres.

Est-ce sur ces recettes que l'on peut gager un emprunt ?

Voyons le côté dépenses ; il est édifiant :

La solde seule du personnel européen — Services

civils, Garde indigène et Trésor seulement — (je ne compte ni les médecins, ni l'instruction publique), absorbe le joli denier de 245.851 piastres, presque la totalité des recettes du Laos.

Si on y ajoute les frais de service, accessoires de la solde, 72.314 ; les frais de transport, 67.000 et l'entretien des bâtiments européens, 21.000, soit 160.314, nous arrivons au total de 406.165 $, rien que pour — je le répète — l'entretien du personnel européen : les Services civils, la Garde indigène et le Trésor.

Il reste, en dépenses que l'on peut considérer comme utiles à la colonie :

Le service médical : 48.000 $, sur lesquelles 26.400 $ pour le personnel européen.

L'instruction publique, qui atteint tout juste 14.700 $, l'agriculture, pour laquelle on sacrifie 13.640 $, dont 1000 $ consacrées à l'achat d'étalons, 500 $ aux primes à l'élevage, 500 $ pour l'achat de graines, le reste pour des fonctionnaires.

Les routes ne mangent que 20.000 $, plus les prestations en nature.

Les bâtiments coûtent 80.000 $, dont trois constructions (deux commissariats et une ambulance) absorbent 60.000 $, ... une paille !

La flottille, que l'on peut appeler flottille du Résident Supérieur, car elle ne sert qu'à lui et ne rend aucun service à la Colonie — nous verrons ça plus tard — coûte la bagatelle de 38.700 $, dont 5.000 sont consacrées aux réparations nécessitées par les voyages dans les rapides. Si on comptait, chaque voyage du *Lagrandière* reviendrait cher.

Voilà, grosso modo, un aperçu des finances du Laos.

Cette situation se passe de commentaires. Contre 291.700 piastres de recettes, l'administration du Laos fait un million de dépenses.

Et c'est sous le régime de cette administration que l'on veut mettre le royaume de Luang-Prabang autonome, riche, dont le budget, qui s'élève à 132.300 $, se solde cette année par un excédent de recettes de 62.000 $.

Le Royaume de Luang-Prabang

« Sire, la cérémonie à laquelle je viens d'avoir
« le grand honneur de procéder, consacre solennel-
« lement les droits et prérogatives que M. le Gou-
« verneur général a bien voulu vous conférer ».

C'est M. Mahé qui, lors du couronnement
du jeune Roi, prononçait ces paroles sacramentelles,
en cette cérémonie à laquelle il ne manquait que
quelques mesures de musiquette. M. Mahé plaçait
en même temps la couronne royale sur la tête
royale de Sidavanvong, devant derrière, du reste,
ce qui permit au grand bonze d'intervenir utilement
pour rectifier le geste de M. Mahé, et couronner vraiment le roi, aux yeux de la population laotienne,
ainsi que le veulent les usages.

Tout *en consacrant officiellement les prérogatives
du Roi*, le Résident Supérieur n'avait cessé de
demander la suppression de ce roitelet, de son
budget, de son royaume, et de réclamer avec insis-
tance la transformation du royaume en une province
du Laos.

Les mêmes idées hautes et larges qui avaient
hanté l'esprit du « Colonel » durant toute sa carrière,
se retrouvaient donc chez son successeur, qui pourrait ne pas s'en vanter.

Le royaume de Luang-Prabang a conservé son
autonomie complète. Il s'administre lui-même,

procède à la confection de ses rôles, perçoit son impôt, rend sa justice, par l'entremise de ses mandarins et fonctionnaires indigènes, sous notre contrôle et notre direction. C'est ce self-governement qu'on veut supprimer, désireux qu'on est d'enlever au Roi et à ses aides l'autorité toute paternelle qu'ils ont et que nous ne pourrons jamais avoir sur l'indigène.

Et quel est le résultat de cette administration indigène ? Non seulement le royaume de Luang-Prabang vit de ses propres ressources, ne demande rien à personne, mais il donne encore des subventions au budget du Laos et possède une caisse de réserve.

Le budget de Luang-Prabang s'élève, pour 1906, en recettes, à 132.300 piastres et nul doute que ces prévisions ne soient dépassées à la fin de l'année, la révision des listes de recensement se faisant actuellement par les soins des fonctionnaires indigènes et pouvant laisser prévoir, dès à présent, une forte plus-value d'impôts directs.

L'impôt personnel et le rachat de corvée entrent pour 119.700 piastres dans les recettes, c'est-à-dire pour la presque totalité. Et encore faut-il ajouter que les droits de sortie sur les produits du royaume — caoutchouc, cardamone, benjoin, gomme laque, teck, etc — ne rentrent pas dans le budget du royaume, mais sont perçus au profit du Laos qui chaparde, de ce fait, encore une dizaine de mille piastres, au moins, au budget royal.

Les dépenses d'autre part s'élèvent à 62,300 $.

Il reste donc un excédent de recettes de 70,000 piastres. D'après les arrêtés en vigueur, la moitié de cet excédent, soit 35,000 piastres, doit être versée à la caisse de réserve, l'autre moitié au budget du Laos. Il en devrait être ainsi du moins.

Mais il en va autrement.

On impute au budget royal des dépenses supplémentaires, des subventions. Aux frais de l'école et de l'ambulance il contribue pour 6,000 piastres.

L'entretien de la garde indigène lui coûtait 12,000 piastres, on vient de le porter à 24,000 $.

Finalement, ces subventions s'élèvent à 30,000 $, pour 1906.

On fait rentrer ces subventions dans les dépenses ordinaires, de sorte que l'excédent des recettes se trouve réduit d'autant, à 40,000 piastres. Sur ce chiffre, la moitié va au budget du Laos ; le Trésor royal met l'autre moitié dans sa caisse de réserve, c'est-à-dire 20,000 piastres au lieu de 35,000 piastres, lorsque le budget du Laos reçoit, en outre de ces 20,000 piastres, les 30,000 piastres visées plus haut, ce qui porte le total de la subvention que lui donne Luang-Prabang à 50,000 $. Si j'ajoute 10,000 $ dont le royaume devrait bénéficier par les taxes de sortie, c'est un total de 60,000 piastres dont il se trouve frustré tous les ans.

Il est tout naturel que Luang-Prabang participe aux travaux d'intérêt général — quoiqu'il n'en profite guère — si tant est qu'il y en ait.

Mais le chiffre de la subvention devrait être fixé, et ne pas varier au gré d'une administration besogneuse, qui jette l'argent qu'on lui donne de tous côtés, sans mesure, sans règle, comme, du reste, sans contrôle.

Je noterai en passant que, depuis des années, on refuse au royaume un instituteur et un agent des Travaux Publics.

Ce royaume privilégié, cette colonie unique parmi nos colonies, avec la Cochinchine, commence à être éprouvée par cette administration qui, au nom de la morale, de la grandeur, de l'esprit humanitaire de la France, tient à ce que le Laotien ait les mêmes besoins que nous, qu'il éprouve les mêmes sensations ; qui entend lui faire trouver du plaisir et du bonheur là et comme nous en trouvons, et qui, au nom de ces grands principes tout le temps répétés, ne fait que léser les intérêts de ses protégés.

Il faut espérer que le Gouvernement Général ne prendra pas les vessies qu'on lui présente, pour des lanternes. Il y a, du reste, assez de «*Laotiens*», en haut lieu, pour qu'ils fassent comprendre à M. Beau toute l'inanité, toute la monstruosité de cette idée qui consiste à vouloir supprimer l'autonomie de Luang-Prabang, pour le doter de notre inintelligente administration.

Le « Colonel » ne pouvait subir le roi de Luang-Prabang : c'était une autorité qui lui portait ombrage, un territoire qui glissait dans sa main, un budget qui lui échappait. Il n'était de paroles désagréables qu'il ne fit entendre au vieux roi, qui souriait et laissait passer la colère résidentielle.

Ce même état d'âme se retrouve chez M. Mahé, et l'incite à demander la suppression pure et simple du royaume, et son assimilation à une province du Laos.

Le fonctionnaire qui se trouve à Luang-Prabang, que ce soit M. Gaud, M. Vacle ou M. X. ., considérera toujours comme de son devoir de défendre cette autonomie, dans l'intérêt même du pays, et c'est pourquoi il devrait dépendre du Gouvernement Général et non du Résident.

Je ne veux pas me placer au point de vue sentimental — le sentiment, qu'on invoque trop souvent, n'est pas un moyen de politique ni de gouvernement, ou c'en est un mauvais.

Je ne rappellerai donc que pour mémoire les conditions dans lesquelles le royaume a accepté notre protection, les promesses formelles qui ont été faites par le Gouvernement de respecter son autonomie, les engagements solennels et réitérés — y compris ceux dont M. Mahé a été le porte-parole — de laisser au pays son Roi, ses lois, son budget et ses mandarins.

Je ne m'arrêterai qu'au point de vue strictement terre à terre et de plus bas intérêt.

Ce n'est pas au lendemain des sensationnels discours de M. Rodier, ce n'est pas alors qu'on reconnaît unanimement qu'on a eu tort, dans nos protectorats et colonies, d'enlever aux mandarins indigènes, au lieu de la diriger, l'autorité qu'ils avaient par atavisme, par instinct de race, sur leurs sujets, autorité que nous n'avons jamais pu conquérir et que nous n'obtiendrons point. Ce n'est pas de ce jour-là qu'on peut songer à commettre, sciemment, pour le royaume de Luang-Prabang, les fautes, les erreurs, que nous reconnaissons et que nous voulons réparer ailleurs.

Nous devons, au contraire, relever le prestige de ces mandarins, de cette hiérarchie administrative par l'intermédiaire desquels « seulement » nous pourrons obtenir des indigènes ce que nous leur demandons.

A nous, ils n'obéiraient pas, ils opposeraient la force d'inertie que l'on constate dans tout le Laos, sans pouvoir y remédier ; ce serait l'anarchie comme dans les autres provinces.

Certes, il y a beaucoup à faire, et beaucoup de choses intéressantes dans le Luang-Prabang, ne serait-ce que l'émancipation des Khas, qui demeurent exploités par le Laotien comme des bêtes de somme. C'est une race de travailleurs doux, intelligents et, chose rare, capables de reconnaissance. Ils sont, dans le Luang-Prabang, plus nombreux que les Laotiens.

Les émanciper, les délivrer de cette tutelle despotique des Laotiens, qui les considèrent comme d'une race très inférieure, et qui ne vivent que de leur travail, serait une œuvre éminemment belle, tentante, et alors humanitaire.

Ce serait difficile, long, pénible, car on rencontrerait contre une pareille réforme l'opposition sourde ou déclarée de toute la population — peuple et mandarins. — Mais c'est sur ce point, justement, que nous devrions agir de nos conseils, de notre influence, auprès du haut personnel indigène. La tâche n'est pas impossible, bien loin de là.

Qu'a-t-on fait, dans cet ordre d'idées, quelles indications ont été données par les Résidents supérieurs ? Aucune. Un ordre venu d'en haut aurait pu obliger les administrateurs délégués à Luang-Prabang à faire au moins des tentatives dans ce sens. Rien.

Ce que l'on a trouvé de mieux, c'est de charger un colon malheureux de recruter quelques Khas pour les amener à Vientiane. Et l'on voit ce nouveau sergent recruteur s'en aller, non avec des poulets ou canards embrochés, mais avec des bouteilles d'absinthe, rassembler quelques Khas, les griser horriblement et les emmener à Vientiane, pour 10 piastres par tête.

Et le colon d'avouer que c'est la meilleure affaire qu'il ait encore rencontrée et faite dans le pays.

Est-ce un moyen digne de nous ?

A quelle conclusion arriverons-nous ?

D'abord laisser son entière autonomie au royaume, son autorité au Roi, qui, entre nos mains, fait et fera ce que nous voulons, indiquer quelques réformes peu importantes dans le recrutement des fonctionnaires indigènes, travailler à l'émancipation des Khas ; laisser au royaume son budget, élever au besoin mais fixer d'une façon ferme la subvention à donner au budget du Laos, et laisser le Roi libre — sous notre surveillance et notre contrôle — de gérer son budget ; réduire au minimum les fonctionnaires européens.

Enfin, et c'est la première chose à faire, enlever le royaume de Luang-Prabang à la tutelle du Laos et à son administration plus bruyante que brillante, et le mettre sous l'égide directe du Gouvernement général avec, à sa tête, et dépendant du Gouverneur, un Administrateur pondéré, qui ne soit ni trop « laophile », ni trop « laophobe ».

En supprimant par voie d'extinction quelques gros mandarins qui ne font rien et sont payés grassement, on pourrait économiser une dizaine de mille piastres.

En faisant entrer dans le Trésor royal les droits de sortie des marchandises issues du territoire, on pourrait gagner une dizaine de mille piastres.

Si l'on reprend les 30.000 $ que Luang-Prabang donne au Laos, tant pour la milice que pour d'autres services, si l'on diminue un peu le nombre des fonctionnaires européens, le royaume de Luang-Prabang, unique exemple dans nos colonies, paierait tous ses frais d'administration européens comme indigènes, sa milice et pourrait verser un contingent au budget du Laos.

Existe-t-il, dans notre patrimoine, une autre colonie semblable, qui non seulement ne nous coûterait rien ni au point de vue militaire, ni au point de vue civil, mais encore verserait dans nos caisses une vingtaine de mille piastres tous les ans ?

Le Mékong

Le Mékong a été l'objet d'un tel bruit enthousiaste qu'on croirait, à entendre M. Mahé, qu'il l'a découvert ou qu'il l'a rendu navigable, ou encore qu'il en a trouvé les moyens. Or, savez-vous à quelle conclusion arrive naïvement le Résident Supérieur, après toutes ces expériences de casse-cou, ces expériences qu'il fallait qu'il présidât, pour qu'il n'y soit point survenu de catastrophe, jusqu'à présent ?

Il a fini par découvrir que des bateaux d'une plus grande vitesse auraient raison des courants des rapides ! C'est magnifique !

En 1876, les premières tentatives de ce genre étaient faites dans les rapides de Sambor (au-dessus de Kratié) et le commandant Réveillère, dans la relation qu'il en a laissée, écrivait ceci : « Le vrai « danger est dans la montée, parce qu'on demande « à la machine plus qu'elle ne doit ; or, la machine « peut manquer dans un point où, sans elle, il n'y « a pas de salut possible... avec une bonne machine « et de la vitesse, on passera en se jouant où ont « passé nos modestes chaloupes, mais il ne faut plus « tenter la fortune avec d'aussi faibles moyens, on « s'exposerait bien certainement à quelque catas « trophe ».

« Pour la descente, le Commandant écrit : « Les

« tourbillons étaient effroyables, l'arrière de ma
« chaloupe fut comme happé par un entonnoir
« d'une dizaine de mètres de rayon et de plus d'un
« mètre de profondeur ; en même temps, l'embar-
« cation donnait un coup de roulis énorme...
« nous voilà sortis... » Et il disait « je suis d'ailleurs
« sans inquiétude pour la descente, qui est plus
« effrayante que dangereuse avec un navire gou-
« vernant bien ».

Tel était l'avis du commandant Réveillère en
1876.

Or, tous les rapides du Mékong se ressemblent.
Il y a ceux à tourbillons, ceux à courant rapide, ceux
à couloir étroit ou en zigzags ; il en est qui réunissent
les trois conditions. Point n'était donc besoin de M.
Mahé pour faire cette découverte. Aucun des bateaux
de la flottille ne possède les qualités reconnues
nécessaires depuis 25 ans : forte machine et bonne
direction.

Aussi, les voyages entrepris sont-ils demeurés
des exercices d'acrobatie, dans lesquels les mécani-
ciens, pour satisfaire le « Patron », sont obligés de se
livrer à des excentricités dont le moindre incon-
vénient serait de les conduire en prison, en tout
autre pays.

C'est ainsi que, couramment, les chaudières
timbrées à 6 kilog. sont poussées à 8, 10, 14 ; c'est
ainsi qu'on cale les soupapes avec des kilogs de bois.
Heureusement, le matériel, assez vieux, n'a pas de
résistance et, au lieu de l'explosion attendue, les
parois des chaudières se boursouflent, des fissures se

produisent sur 30, 60 centimètres de longueur ; les rivets pètent ,les coussinets éclatent. Jusqu'à présent, on a toujours pu gagner la berge, mais que ces accidents surviennent en plein rapide, alors, vogue la chaloupe. Une catastrophe arrivera, qui reculera de 20 ans ou plus la solution du problème de la navigabilité du Mékong.

Et à quel besoin répondent ces voyages ? Sont-ils d'une utilité pour la Colonie ?

Il existe cinq bateaux ; tous sont usés, finis : malades de vétusté, les tours de force qu'on leur a demandés les ont achevés. D'ici un an ou deux, ils seront complètement hors d'usage. Estimons-nous heureux, s'ils ne cèdent pas durant un voyage.

Aucun de ces bateaux ne sert aux chefs de province, qui ne peuvent en disposer. Ils ne transportent que le Résident Supérieur dans ses nombreuses promenades — jamais une caisse de marchandise pour les postes n'y a trouvé place. M. Mahé l'avouait naïvement, en constatant, en 1905, qu'il y avait à Khône plus de 4000 colis en souffrance.

L'Administration, croyait-on, pourrait suppléer au matériel défectueux des Messageries fluviales, quand cette compagnie n'assurerait pas son service... Ce qui est une habitude, chez elle.

Non seulement elle pouvait le faire, dans des proportions modestes, cela va sans dire, mais elle le devait. M. Mahé l'avait promis solennellement. Elle n'en a rien fait.

D'aucune utilité pour le Laos, ces voyages qui

ne prouvaient qu'une vérité déjà démontrée, n'avaient même pas l'originalité de l'inédit.

J'ai sous les yeux un rapport de 1901 qui dit ceci : « La petite chaloupe le *Ham-Luong* vient de « franchir, sans accident, les passes de Kemmarat et « flotte actuellement dans le bief de Vien-Tiane. A « l'époque où le *Lagrandière* et le *Massie* affrontèrent « ces mêmes rapides, le *Ham-Luong* fut considéré « comme n'ayant pas les qualités requises pour « tenter la même expérience. La machine semblait « trop faible et les formes mêmes du bâtiment, calant « 1^{m}30, semblaient le rendre impropre à cette na- « vigation difficile et dangereuse... La chaudière et « la machine *auxquelles on a dû demander un travail* « *anormal* se sont parfaitement comportées... »

Du reste, le rapport ne s'emballe pas comme M. Mahé sur les conséquences de cette expérience ; il ajoute en effet, avec sagesse :

« La question de la navigation pratique dans la « région de Kemmarat n'en est d'ailleurs pas résolue « pour cela ; mais il est permis de tirer de cet exem- « ple un renseignement et une indication pour « l'avenir. Les chaloupes des Messageries fluviales « s'arrêtent actuellement, aux hautes eaux, à Pak- « moun, pour ne reprendre leur marche en amont « qu'à Houeun-Hine, laissant aux convois de pirogues « le soin d'assurer les communications sur un par- « cours de plus de 150 kilomètres. Or, il est main- « tenant hors de doute que le service des vapeurs « peut être étendu à une notable partie de cette « région, pendant la durée des hautes et moyennes

« eaux, et il y a lieu d'espérer que, l'année prochaine,
« la Compagnie des Messageries fluviales ne man-
« quera pas de mettre à profit, au bénéfice de la
« circulation, les résultats obtenus par le *Ham-*
« *Luong* ».

Nous venons de prouver que ces voyages n'avaient, somme toute, servi... qu'à M. Mahé et à sa famille. Voyons ce que ça coûte au Laos Les réparations — à elles seules — engloutissent 5000 $ par an. Avais-je tort de dire que ces bateaux s'achevaient dans le métier qu'on leur fait faire et que chaque voyage représentait une dépense vraiment excessive pour les services rendus ?

La flottille figure au budget pour la bagatelle de 30 à 35,000 piastres par an.

Un Administrateur plus averti aurait fait des économies sur ce chapitre ; et avec deux années de repos, il pouvait acquérir un bateau remplissant les conditions requises.

Les qualités requises ? Est-on seulement fixé sur ce point, à Vien-Tiane ? Je ne le pense pas et voici pourquoi :

Les officiers de spahis ou d'infanterie coloniale qui dirigent les travaux du Mékong, n'ont rien fait jusqu'à présent, d'appréciable, pour la navigation. Ce n'est pas leur faute ; rien, dans leurs études, ne les a préparé à ce genre d'occupation.

Tous les jours on relève sur tous les points du Mékong, depuis des années, le niveau des eaux. Pourquoi faire ? Pas la moindre carte du lit du fleuve n'est amorcée.

Les travaux de dérochement, d'autre part, qui absorbent toute l'attention de ces messieurs, ne semblent pas aussi considérables qu'ils le disent ; le chenal du fleuve, aux basses eaux, est presque partout très net et libre.

Enfin et c'est là le principal, on dit, depuis cinq lustres, qu'un bateau qui veut remonter les courants des rapides doit être vite.

Certes, oui. Et vous pensez qu'au moins, on connaît la vitesse de ces courants. Eh bien, non ! rien n'a été fait de ce côté.

Et c'est pourtant un point important, pour savoir de quelle puissance minima doit être votre future chaloupe, que de connaître la force qu'elle aura à surmonter sans travail anormal.

De deux officiers de marine qui ont navigué sur le Mékong, l'un dit que les courants ne dépassent pas 5 nœuds, l'autre écrit qu'ils atteignent 12 nœuds. Et c'est sur ces données, assurément vagues, que l'on marche.

C'est à ce travail, il me semble, qu'on devrait se livrer, de façon à connaître, à toutes les époques de l'année, à toutes les crues, les différentes vitesses des rapides ; en même temps qu'on pourrait, du reste, relever quelques points astronomiques du fleuve, dont le cours paraît être tracé, au moins en certaines parties, un peu trop approximativement.

Une autre question pour l'acquisition des chaloupes se pose. Si on veut une machinerie plus puissante, la provision de combustible augmentera dans des proportions de 1 à 4 et tout le bateau sera pris par sa machine et son bois. Il existe aujourd'hui des moteurs qui donneraient pleine satisfaction en la circonstance. Si on ne dirige pas les recherches de ce côté et si l'on se cantonne dans le chauffage au bois, on aura des bateaux qui voyageront, mais qui ne pourront nous porter.

Quiconque a fait un voyage sur une des chaloupes laotiennes, a pu pester contre l'encombrement qu'occasionne le combustible. Là où l'on dit généralement que le roi va à pied, il se verrait, sur ces chaloupes, dans l'obligation d'y aller sur les mains et sur les genoux.

Mais ce ne sont point des conseils que je viens donner ici.

Passons aux Messageries fluviales.

Il en a été dit et redit, sur cette compagnie, tant et tant depuis si longtemps, qu'on n'a rien à ajouter, sinon que c'est toujours la même chose.

Du matériel pourri qui devrait être condamné par qui de droit ; des bateaux qui vont se faire réparer à la seule époque pendant laquelle ils pourraient marcher ; un personnel pas payé ; des agents absolument indifférents à tout, qui se moquent du public, de ses bagages, des colis, des bateaux, des pirogues, du ravitaillement, du matériel, comme de leur première chemise..., qui ne peuvent, *en aucun point* du Mékong, assurer leur service, qui laissent ici des chaloupes sans vivres, là des coolies sans riz, ailleurs des radeaux sans flotteurs, partout des cordages moisis qui cèdent au premier effort.

M. Mahé, là, doit être loué sans réserve de la

campagne incessante et violente qu'il a menée contre cette compagnie invraisemblable, qui se repose sur l'éloignement de sa clientèle et l'impossibilité quasi absolue où elle se trouve d'agir en justice, pour inexécuter sans vergogne et continuellement les clauses de son contrat.

Eh bien ! quels résultats a obtenu cette campagne acharnée à laquelle *tout le monde* applaudissait des deux mains ?

On a augmenté la subvention de la Compagnie des Messageries fluviales ! ! !

C'est invraisemblable... et pourtant ça est.

Et de ceci on ne peut en rendre responsable M. Mahé, c'est ailleurs qu'il faut s'adresser.

LA DOUANE

Comment la Douane a-t elle été appelée à s'installer au Laos ? c'est bien simple.

Un douanier, sur la demande de M. Mahé, et malgré l'opposition du Directeur des Douanes, fut envoyé sur place pour étudier la question. Il prépara un premier rapport dans lequel il avouait que, théoriquement, l'établissement de la Douane ne rimait à rien et que, pratiquement, ça ne tenait pas debout. Les 1,500 kilomètres de fleuve à défendre lui semblaient impossibles à surveiller, de même que les recettes probables ne lui paraissaient pas répondre aux dépenses qui seraient occasionnées de ce chef. Telles furent les conclusions de ce rapport. Mais, entre temps, ce douanier sut qu'on lui réservait la direction du service, s'il était établi. Aussitôt, le rapport de changer en ses vues et conclusions et de prouver, clair comme le jour, que la Douane était appelée à donner des bénéfices prodigieux.

Comme quoi, si on avait envoyé, pour faire cette étude, un fonctionnaire qui n'eût rien eu à en attendre, il aurait dit la vérité ; tandis que celui-ci, qui savait devoir être nommé chef de service, et avoir toutes les prérogatives... et indemnités attachées à ce grade, s'empressa de faire un tableau trompeur.

Comme quoi, aujourd'hui, on met des douaniers partout, pour faire croire que le service est réellement important.

Du principe même de la Douane, nous ne dirons rien ici : ça nous entraînerait trop loin, pour ne rien dire de nouveau. Quand j'aurai dit que le Laos n'a aucun commerce intérieur, pour ainsi dire pas de relations à l'extérieur — et ceci n'a pas besoin d'être démontré — j'aurai dit toute l'inutilité de la Douane et son influence nuisible quand j'aurai dit qu'en même temps qu'on veut faire des routes et des chemins de fer de pénétration au Laos, on ferme ces routes et ces chemins de fer par la Douane, j'aurai dit tout l'illogisme du procédé. Mais ce sont là des considérations d'ordre général qui ne trouveraient pas leur place ici.

Voyons ce que cette Douane fait au Laos.

Il n'y a point de droits d'entrée sur les marchandises en provenance directe de l'étranger — du Siam ou de la Chine ou de la Birmanie. — Pourquoi ? on n'en sait rien. Oh ! du reste, ça ne remplirait pas les poches de l'Administration.

Quant aux taxes de sortie, qui existent, c'est l'Administration qui les perçoit. Encore doit-on ajouter que ces taxes sont illégales, c'est-à-dire qu'elles ont été établies irrégulièrement et qu'elles sont perçues de même, n'ayant pas été prescrites par décret.

Qu'un citoyen laotien ou européen tire sa révérence à l'Administration en lui faisant un pied de nez, lorsqu'elle lui réclame le montant de ces taxes de sortie. Qu'il refuse nettement de payer, l'Administration n'a rien à dire. — Aucune sanction, aucune mesure coercitive ne lui est possible pour exiger l'exécution de ses prescriptions — en raison de leur irrégularité! A-t-on essayé, depuis, de donner à ces arrêtés la forme protocolaire qui leur manque? Pas encore. On a bien d'autres chats à fouetter, paraît-il. Je n'insiste pas.

Ne percevant ni les droits de sortie, ni les droits d'entrée, la Douane voit donc son champ réduit à l'opium, au sel, à l'alcool, aux tabacs indigènes.

Pour ce qui est de l'opium, ce qui se passe est digne d'une de nos scènes vaudevillesques. Oyez plutôt.

L'Administration ne manque pas — comme nos consuls, et avec raison — d'insister, auprès des négociants français exportateurs, pour qu'ils cessent de vouloir imposer leurs marchandises aux indigènes, si ces derniers n'en veulent pas, mais au contraire, faisant comme les Anglais, les Allemands, qu'ils consultent le goût desdits indigènes et s'y conforment.

Or, l'Administration, qui donne ce conseil excellent aux autres, a bien soin de ne pas le suivre elle-même.

Elle impose ou veut imposer aux populations laotiennes l'opium préparé à Saigon. Or, personne ne l'aime, ici. Des goûts et des couleurs il ne faut point discuter. Les uns préfèrent le scaferlati, les autres le caporal, d'aucuns le tabac anglais. A défaut d'autre liberté, nous pourrions laisser à l'indigène celle de fumer l'opium qui lui est agréable, mais non.

La Régie dit : Vous fumerez mon opium, ou vous ne fumerez pas... Intelligente Administration. Le laotien, flegmatique, indolent, pas bilieux, ne répond rien. Il continue à fumer, mais pas l'opium de la Régie.

Et, alors, de véritables chasses à l'homme, honteuses, dégradantes pour nous tous, ont lieu pour rechercher cet opium qu'on fume et qui ne sort pas de nos ateliers, chasse aux commerçants, chasse aux caravanes, chasse aux piroguiers, chasse aux chefs de villages.

Aux Etats Shans, en Birmanie, les voyageurs peuvent emporter de l'opium local ou étranger pour leur consommation personnelle et celle de leur suite, sans avoir à payer aucun droit, à la condition que la quantité ne dépasse pas environ 58 grammes par personne. Chez nous, rien de tel et peu importe que la caravane se détourne de nos chemins, que le commerce embryonnaire se trouve tué dans l'œuf, que le recrutement des coolies piroguiers devienne impossible.

Quant aux agents, c'est comme partout, ils commettent abus sur abus.

J'ai vu, à Luang-Prabang, saisir *un gramme d'opium, y compris le poids du bambou qui le contenait.*

J'ai vu, ailleurs, un agent qui, pour une raison peu connue encore, est allé dix fois en quatre jours chez une femme laotienne et a retourné toute sa maison en désordre, prenant les objets et la literie, et jetant le tout pêle-mêle dans un coin. Dix fois en quatre jours, la même scène s'est reproduite !

J'ai vu à Ny-Kassy un chef de village roué de coups, parce que les recherches du douanier étaient demeurées infructueuses.

J'ai vu un douanier transigeant avec un fraudeur pour 400 piastres, puis, 24 heures après, doublant l'amende. Véritable chantage opéré par l'Administration sur un mandarin.

J'ai entendu un douanier se vanter qu'il se faisait parfois des journées de 100 $, un autre refuser de retirer un procès-verbal, parce que ça devait lui rapporter 40 $!

A Vien-Tiane, les exploits de cette administration ne se comptent plus, révoltent tout le monde, même les Européens, même le Résident supérieur, tout le monde... sauf le Chef de service.....

Et il serait si facile, pour l'opium, de satisfaire tout le monde. Il y avait jadis une bouillerie qui fonctionnait à Luang-Prabang. Non seulement on fabriquait de l'opium selon le goût de l'habitant, mais encore on arrêtait la fraude en achetant presque tout l'opium qui venait dans le pays. Cette bouillerie donnait les meilleurs résultats. Pourquoi l'avoir abandonnée, pourquoi ne pas la rétablir ? Parce que c'est trop simple sans doute.

Et savez-vous quelle raison sublime invoque le Résident supérieur pour imposer notre opium ? On peut la lire dans une lettre que je viens d'avoir sous les yeux à la Résidence supérieure, lettre de juillet 1905, n° 123 : « Il se trouve que l'opium de fraude est bien plus dangereux que celui de l'Administration (1), de sorte qu'en se plaçant au point de vue humanitaire, puisque nous ne pouvons songer à prescrire l'opium, c'est l'usage de l'opium administratif qui est préférable... »

Ne croirait-on pas lire une annonce comme : « Un monsieur a fait un vœu...prenez les pilules X.»

Administration, Administration de nos rêves !

Après l'opium, vient l'alcool.

Les alcools étrangers sont taxés à leur entrée en Indo-Chine, depuis deux ou trois ans je crois. Au Laos, ce décret était resté lettre morte; aucun droit n'était perçu. Un beau matin, le Directeur des Douanes du Laos se demanda les raisons de cette anomalie, et obtint du Directeur général que cette loi entrât en vigueur au Laos. Jusqu'ici rien que de très normal. Une loi existe, il n'y a pas de raison, en principe, pour qu'elle ne soit pas appliquée au Laos, et il n'y a rien à dire contre.

Deux heures après l'arrivée de la dépêche enjoignant de percevoir au Laos les droits sur les alcools étrangers, nos douaniers se trouvaient chez les chinois et comptaient les bouteilles d'alcool.

Le stock trouvé à ce moment fut taxé !

C'était illégal au premier chef, inique, tout ce que vous voudrez.

Les chinois protestèrent avec raison, disant qu'ils n'avaient pas été prévenus, qu'ils ignoraient cette

-----

(1) L'opium de Xieng-Toung contient 15 o/o de morphine à peu près, contre 9 o/o dans l'opium fait à Saigon.

loi, que personne ne la leur avait fait connaître, qu'en tous cas elle ne pouvait avoir d'effets rétroactifs, que les stocks existant devaient être marqués et exemptés et qu'ils ne devaient payer que sur les alcools qu'ils feraient entrer par la suite.

Les protestations furent adressées au Procureur général qui, au lieu de son opinion qu'on sollicitait, envoya l'avis du Directeur des Douanes ! Toujours la fuite des responsabilités. Les chinois ont payé ; l'Administration des Douanes a une infâmie de plus à son actif ; elle n'en est plus à les compter.

Je borne là mes explorations dans cette partie administrative du Laos, il y en aurait encore long à dire, trop long... et ce serait du déjà dit.

On assure que M. Mahé serait le premier à regretter d'avoir introduit cette administration de bandits au Laos. Je le souhaite pour lui.

En tous cas, la population si calme du Laos s'émeut ; les habitants s'espionnent, se mouchardent, se mutinent. Jolies mœurs apportées par la Douane, et par elle encouragées à coups de piastres.

Qu'un mauvais coup arrive à l'un de ses agents, que voulez-vous qu'on dise, qu'on fasse. C'est la conclusion malheureuse à laquelle on arrive forcément, quand on sait toutes les ignominies commises impunément par le personnel douanier.

LES ROUTES

M. Mahé a, sur ce point, fait encore une de ces découvertes qui lui sont chères : d'aucuns enfoncent des portes ouvertes, lui, perce des routes où l'on circulait alors qu'il était encore dans le néant.

Car la route, la fameuse route, la route cyclable, carrossable, motocyclable, la route de Savannaket à Lao-Bao a toujours existé de mémoire de laotien de Savannaket.

Seulement, on l'appelait chemin, et dans la saison des pluies, çà n'était pas fameux. M. Mahé a donc changé tout cela.

Il faut reconnaître que la route actuelle passe quelquefois à près de 20 mètres de l'autre chemin, qu'elle est plus large, qu'une voiture peut y circuler, enfin qu'on y a fait passer le Gouverneur général. Il faut reconnaître que des coolies, pendant six mois, ont fourni deux années de corvées... gratuites — à toi, Clémentel ! — Il faut reconnaître que c'est devenu une « route » et non plus un « chemin ».

Mais que M. le Gouverneur général, si épris du Laos, paraît-il, revienne par la même route vers le mois, d'août ou septembre, alors nous en reparlerons ... nous verrons en quel état se trouve la route motocyclable Mahé and C⁰.

Bluff ! toujours du bluff !

Quand les pluies seront tombées, la route ne sera plus qu'un chemin comme jadis, broussailleux, défoncé et d'un accès difficile aux automobiles ... et, à moins de refaire cette voie tous les ans, il n'y a rien de réformé de ce côté-là.

Le « Colonel », auquel on a prêté l'idée saugrenue — on ne prête qu'aux riches — de s'être refusé à faire des routes, a, en effet, toujours avoué l'inutilité de ces travaux qui demandent des quantités invraisemblables de main-d'œuvre, dans un pays où il n'y en a pas, pour n'aboutir à aucun résultat pratique. A quoi bon mécontenter toute une province, l'abrutir de corvées, pour un travail qui après six mois de trombes d'eau n'existera plus. Les chemins qui existent — une fois améliorés après chaque saison des pluies — suffisent grandement au mouvement commercial.

En tous cas, si l'on peut faire des routes, qu'on les fasse durables, c'est-à-dire empierrées. C'est, alors, à 4 ou 5.000 piastres que reviendra le kilomètre.

Je ne sache pas qu'il y ait eu d'autres voies de communication ouvertes, au Laos, depuis l'arrivée de M. Mahé. S'il y en avait, soyez sûr que tout le monde le saurait.

Donc, ici, encore rien de fait.

L'Enseignement — L'Agriculture

L'ASSISTANCE MÉDICALE

Jetons un coup d'œil sur ce qui est fait dans ces branches les plus importantes d'une bonne politique coloniale.

Ce sera vite fait, hélas!

Il y a, pour tout le Laos, deux professeurs européens, tous deux à Vien-Tiane. L'un dirige l'école de Vien-Tiane, l'autre est le chef de service du premier. Un point, c'est tout. C'est maigre.

Et si l'on songe que le royaume de Luang-Prabang demande depuis des années un instituteur qui existait jadis, et que malgré les 50,000 $ qu'il donne au budget, on lui refuse cet instituteur, on n'aura plus qu'à tirer l'échelle.

L'agriculture n'est pas plus favorisée.

Tout ce que fait l'Administration, c'est d'offrir 1000 $ pour « achat d'étalons, de juments, moutons et *autres animaux* ». Ce « et autres animaux » laisse rêveur. Avec 1000 $ par an, acheter des étalons, des juments. des moutons et autres animaux !

L'encouragement à l'élevage se chiffre, sous forme de primes, à la somme fabuleuse de 300 $ (trois cents). Et c'est fini.

Pour ce qui est des caoutchoucs, cardamome, coton, gommes laques, et les autres cultures qui donnent ou donneraient quelques résultats, rien. Aucune mesure de préservation, de faveur, n'est prise. Est-ce que ça ferait du bruit et de la réclame ?

Au point de vue médical, aucun élève n'est formé, aucun indigène attaché aux ambulances pour s'instruire... et les cinq médecins qui figurent au budget ont un territoire beaucoup trop vaste pour qu'ils puissent y répandre les bienfaits et l'heureuse influence de leur art.

Voilà tout ce qu'on fait de pratique, d'utile, avec 1 million de piastres de dépenses.

LE PERSONNEL

Passons au personnel, et c'est par là que nous terminerons ce rapide aperçu sur notre Laos.

La question du personnel est un sujet délicat. En principe, tout employé de l'Etat est mécontent. En effet, il n'y a pas lieu d'être très fier d'appartenir à l'une quelconque de nos administrations, et l'on peut admettre qu'un fonctionnaire, du fait même qu'il est fonctionnaire, puisse être peu satisfait de son sort.

Cette loi établie, la part peut en être faite dans les récriminations qui s'élèvent du N. au S., de l'E. à l'O. du Laos.

M. Mahé a pris comme favori deux administrateurs, deux « numéros » invraisemblables. L'un d'eux a gagné des sympathies, parce que sur une dépêche lui demandant le nombre de boutons de culotte qu'il y avait dans sa province, il avait répondu une demi-heure après « il y en a 3667 ». Je dis bouton de culotte... c'était peut-être de cochons ou de buffles qu'il s'agissait, mais cette rapidité, cette sûreté d'information et cette précision ont laissé M. Mahé épaté, émerveillé ; il n'en est pas encore revenu.

L'autre, maniaque, parfois dangereux, avait gagné les faveurs résidentielles on ne sait par quels moyens. Est-ce sa conversation qui déridait M. Mahé plongé dans ses graves soucis ? Est-ce la facilité avec laquelle ce commissaire accusait tous les collègues qui l'avaient précédé dans les postes qu'il occupait, de malversation, de crimes, etc ? on l'ignore. Ce qu'il y a de certain et d'évident, c'est que le choix de ces deux favoris stupéfia d'abord tout le personnel. On crut à une erreur d'appréciation, on attendit. Mais cette faveur persiste, déroutant, décourageant tous les fonctionnaires, démontrant au moins, combien peu profond est le jugement du Résident supérieur.

Ces deux amis, du reste, ces deux modèles, il les lâcha un jour sans pudeur, alors qu'ils paraissaient avoir quelque chose sur la conscience. Une enquête — combien superficielle — ayant détruit ses soupçons, il leur tendit la main à nouveau. M. Mahé est un lâcheur.

Autre point. Quand un fonctionnaire est accusé par un autre de fautes graves, vol, concussion, assassinat, que sais-je — c'est une chose courante au Laos que ce genre d'accusation — M. le Résident supérieur classe le papier révélateur. On pourrait croire que, connaissant le moral de ses subordonnés, il dédaigne ces petites infâmies. Ce n'est pas cela. La vérité est qu'il ne lui faut pas d'histoires. Et sa titularisation ? vous n'y pensez pas... ? lui y pense.

Si le fonctionnaire accusé est mis, par un hasard quelconque, au courant des reproches qui lui sont faits, il se rebiffe, naturellement, demande une enquête administrative, judiciaire. « Non, non, laissez, ne m'attirez pas d'affaires en ce moment », répond imperturbablement le grand chef. Et alors dites-vous, il détruit les rapports accusateurs ? que non. Il les

garde... pour lorsqu'il sera titularisé, probablement.
Il les engouffre dans un tiroir où ils sont toujours,
et les notes, nécessairement, s'en ressentent.

Est-ce qu'un chef digne de ce nom ne devrait pas,
sans attendre d'en être prié, déférer ces accusés devant
un conseil d'enquête qui, ou les punirait ou, les
lavant de tous reproches, flétrirait les diffamateurs ?
Songez qu'il s'agit, en l'espèce, en les espèces devrais-je
dire, de grosses accusations, vol, dilapidation, concussion. Et M. Mahé, s'il lit ces lignes, comprendra
certainement de quelles affaires je veux lui parler.

Enfin, qu'a fait M. Mahé pour son personnel ?

Il a laissé réduire les indemnités, qui sont plus
faibles que celles du Cambodge ; il n'a rien dit,
n'a pas protesté.

On sait que la vie au Laos est rendue très chère
par l'éloignement, la difficulté et la lenteur du
ravitaillement, les prix exhorbitants du transport,
les pertes éprouvées dans les naufrages, ou du fait
de la pluie.

Les indemnités ont été réduites de 30,000 piastres !

Et quand on a élaboré ce règlement inique,
qui fait payer aux petits fonctionnaires le logement,
le mobilier que leur prêtait l'Administration, aucune
voix ne s'est élevée pour défendre les fonctionnaires
du Laos, qui habitent des chaumières dévorées par
les rats, où il pleut, où le soleil darde comme
dehors, dans des meubles taillés à coups de coupe-
coupe. Le Résident supérieur est resté coi.

Il est vrai qu'en même temps qu'on rognait sur les indemnités des petits, qu'on leur volait encore une partie de leur solde, on donnait aux gros bonnets : pianos, voitures, meubles de luxe, tapis, etc. (République égalitaire !)

Et M. Mahé, qui pleurait que M. Lévêque lui ait pris sa place, se vantait, devant son personnel qu'on pillait, de vivre sur ses indemnités et d'économiser tous ses appointements.

Quelle délicatesse ! quelle âme d'élite !

Nous en avons fini. Aussi bien, avons-nous fait déjà cette étude plus longue que nous ne le voulions.

Encore une fois, nous n'avons pas l'intention de reprocher au Résident supérieur de n'avoir rien fait depuis qu'il est au Laos. Nous connaissons trop le pays et ses habitants pour savoir qu'on n'en peut pas réformer grand chose, en trois ou quatre ans, même avec un peu d'esprit de suite.

Tout au plus, pourrions-nous regretter qu'il n'y ait rien d'amorcé, rien d'étudié, et que la seule innovation apportée au Laos soit l'introduction de la douane et de son personnel.

Mais le bruit fait par M. Mahé a égaré les oreilles de tous ceux qui vivent au Laos. Et nous avons voulu faire voir que derrière ce tintamarre, il n'y avait que du néant

Les beaux temps de la grosse caisse des charlatans sont passés et rares deviennent les gogos qui s'y font prendre.

Nous arrivons à croire qu'on laissera M. Mahé taper sur sa peau d'âne, mais que si on s'arrête pour écouter ses boniments, on ne prendra pas ses pilules merveilleuses.

Et, si vraiment on veut faire quelque chose au Laos, eh bien ! non, qu'on n'en confie pas le soin à M. Mahé.

KO-NOI.

TABLE DES MATIÈRES

Saigon, Imp. Commerciale

www.ingramcontent.com/pod-product-compliance
Lightning Source LLC
Chambersburg PA
CBHW061329060726
47596CB00003B/1154